手漉き和紙の里

猪城キヨミ
Iki Kiyomi

文芸社

手漉き和紙の里●目次

九州洋裁女学院

私は、昭和十七年三月、西福岡高等女学校を卒業し、同年四月には春吉にある九州洋裁女学院に在籍していた。当時の女の子は多分に遊び気分でのんびり洋裁学校に通っていた。結婚までの時間つぶし、要するにお稽古ごとのひとつだった。

私の姉は五歳年長で、西福岡高等女学校を卒業すると大串洋裁女学院に進んだ。もちろん、当時はまだ西福岡高等女学校とは言っていなかった。早良高等女学校と称していた。

私が入学したのは早良高等女学校、そして卒業したのは西福岡高等女学校だった。在学中に学校名の改称があったためである。

大串洋裁女学院はその当時、福岡で一番大きな洋裁学校だった。教えるのは洋裁だけではなく、国語や音楽の時間もあった。国語は古典を習っていた。『万葉集』『徒然草』などが教材だった。姉は、洋裁学校なのに国語や音楽の時間があるのよ、と言っていた。

音楽の時間にはピアノやお琴など好きなものが選択できた。姉は買ってもらったお琴で「六段」だとか「春の海」などを練習していた。

だから姉は私に大串洋裁には進まず、九州洋裁女学院に行きなさい、と言って当時二十二円だった紺色の洋裁鞄を買ってくれた。欲しくってたまらなかった鞄を買ってもらって、あなたはここへ行くのですよと言われれば、その通りに入学願書を出すことになる。

姉は、九州洋裁は福岡女学院だとか、福岡高女だとか、筑紫高女などの卒業生が多いのよ、校長先生はアメリカ帰りでとてもモダンな方よ、と言った。院長先生の名前は谷口花子、ご主人はアメリカにいらっしゃる新聞記者だということだった。

女性は下着によってプロポーションが決まると言われていたが、ブラジャーを見たのはこの時が初めてだった。

「あれ乳バンドよ、胸のあたりが恰好よく見えるのよ」

田舎出の私達は話していた。

学院には助手の方が五人いらっしゃった。西福岡高女で二年先輩の香川さん、筑紫高女出身の加藤さん、福岡女学院出身の原さん、他にも二人いらっしゃったけれどお名前は失念した。原さんの妹はご自分も女学院にいらっしゃった小学校のクラスメートのお姉さんということだった。

生徒数は八十人くらいだった。

案外多かったのは女子商業を出た人だった。それに、驚いたのは唐津から通ってくる汽車通学の人が多いことだった。

「往復四時間かかるのよ」と言う人もいたが、それが苦になるふうではなかった。

汽車だと乗客の顔ぶれが決まっているらしく、

「今日隣にニチャバックが座ったの。お勤めですか、なんて聞くの。いい加減な返事をしていたらいろんな会社の名前並べるのよ。面倒だから適当にそうだと言ったら、今度はその会社をほめるのよ」

と笑い出した。

よく聞くと、髪にニチャッとポマードをつけてオールバックにした若い男性の話だった。

帰りは何番目の箱に乗るから、などと打ち合わせをしていてとても楽しそうだった。

私は城南線の電車で通学していた。ときどき練塀町で助手の加藤さんと一緒になった。柳橋で下車すると半分まだ眠ったような柳橋市場を斜めに横切って、いつもニンニクを焼く匂いの漂う家の前を通り、十分くらいで春吉橋の近くの学校に着いた。

学校といっても日本家屋の二階建てである。ちょっとした庭があって、専修科は二階、研究科は一階だった。デザインや裁断は下で習い、ミシン掛けやアイロンは上でやった。

部屋の上からのぞく五月の庭はもみじが美しかった。もみじの緑ってこんなに綺麗だったのかしらと思い友人に、

「この庭、もみじが多いわね」

と言うと、

「もみじはタダだもん」

と言った。意味がわからず、

「えっ？」

と聞くと、

「もみじは山から引っこ抜いてくれば、タダだもん」

なるほど、そんな考えもあるのかと友人の顔を見ると、

「松とか槇は植木屋さんから買うでしょう」

そんなもんかと思った。学院の所在地は当時春吉前新屋《はるよしまえしんや》と言った。

陸軍病院慰問

学校の様子にも慣れ、毎日が楽しくてたまらなかった。昼休みにはすぐ近くの住吉神社によく遊びに行った。五月の神社の杜は緑がむせ返るようだった。そんな毎日のうち、昭和十七年だったか十八年だったか、学校全員で陸軍病院へ慰問に行く話が決まった。

「皆さん、得意の出し物を申し出てください」

という呼びかけに、唄のうまい人は唄を、舞踊ができる人は舞踊を名乗り出た。

私たちの出し物は、「番町皿屋敷」。配役は、

青山播磨　江頭さん

お菊　　私

かつら屋に行き、かつらを合わせた。せりふも覚えた。刀や脇息など小道具もそろえた。衣装もそろえて、皆で六月田にある藤間流の踊りの師匠で太田さんという家に稽古に通った。

一通り稽古もでき上がり、行く先は古賀陸軍病院。大広間には白衣の傷痍軍人が大勢集まり成功に終わった。友人の中でも印象に残ったのは、岡さんのお七人形ぶりだった。大柄で美人の彼女に、赤地色に黄色い麻の葉の模様の絵柄がよく似合っていた。踊りも上手かった。

親達も大勢、子供の着付けにかり出されて来ていて、

「このまま戦争が続けば日本舞踊どころではなくなるでしょうね。着付けに引っ張り出されるのも最後かもしれませんね」

と話していた。どこを見ても暗い話ばっかりだった。

この当時、江頭さんのことでもうひとつ思い出がある。母校の福岡高女の香

蘭亭に忘れ物をしたので取りに行くからついて来て、と誘われたことがあった。

洋裁の授業が終わってからだったので女学校へ着いたのは放課後だった。

多分運動場から入ったような気がするが、私たちが校庭に一歩入ると在校生がわっと窓際に駆け寄って来た。窓という窓に生徒がすずなりである。

「先輩、江頭さん！」

各自、思い思い、黄色い声を張り上げる。

「どうしたの？」

彼女の顔を見ると、

「うん、ちょっとね」

ぷちっとした唇をゆがめて、得意そうである。

「昨日の今日だからこんなものかな」

「先輩を歓迎してるのかしら」

「多分ね」

「驚いた、映画のシーンみたい」

「昨日、用事があって校長のところに行ったのよ。先輩に対する礼儀がなってないってぶっちゃったの。放課後だからこんなもんかな」

理由はわからなかったが、何か忘れ物があると言っていた言葉を思い出して、

「何か忘れ物があるんじゃないの」

と言うと、

「そう思ってたけど、思い違いだったわ。忘れ物なかった。あっ、ここ香蘭亭、卒業生は自由に使っていいのよ」

そう言うと、ついでのように戸棚を開けて見せた。

「ね、何もないでしょう」

戸棚はからだった。

ちょうどその頃、宮城千賀子のミュージカル映画「歌ふ狸御殿」が評判だった。若い娘は熱に浮かされたように映画を見に行った。私も学校をさぼって十回以上見に行った。

浪人まげの若君が、僕の名前は狸吉郎と歌うシーンが可愛い。狸吉郎が高山広子のお姫様と階段に仕掛けたオルガンを足で弾きながら踊るシーンが可愛い。益田キートン（喜頓）のかっぱが可愛い、白木蓮の霊が美しい、などと皆夢中だった。

次の楽しみは喫茶店のはしごである。柳橋でお汁粉を食べ、鐘紡横の赤レンガの不気味な道を通って川端のはずれの万屋《よろずや》で蜜豆を食べるのがほとんど毎日のコースだった。万屋の蜜豆は最初のうち匂うように美味しかった。が、ある日、急に寒天がトコロテンに変わり、味もすっかりまずくなってしまった。

そして一年があっという間に過ぎた。さぼって映画を見て怒られたこともあったが、院長先生に褒められたこともあった。

「あなた方が縫っているのを見ると、一体どんなものができるのかと思って心配になるけれど、でき上がって着てるのを見ると案外恰好いいじゃないの」

卒業式は商工会議所で行われた。皆和服で集合した。山田写真館のご主人というより友人の山田さんのお父さんが写真を写した。

研究科に残った人が三十人ほどいただろうか。研究科の期間は六カ月である。ほとんどの人が修業証書を手にして三月に卒業していった。

新入生の募集はなかったような気がする。学校全体が急にがらんとして寂しくなった。

映画配給社九州支社

姉が一年前に結婚していた。相手は早稲田大学を中退した井手克行さんだった。彼は映画配給社に勤めていた。正式名は、社団法人映画配給社、略して映配だった。

六月の末、私が洋裁学校の研究科にいるとき、夫婦で家に来て義兄が、

「キヨミさん、そんなところでのんびり遊んでいたら、徴用が来るよ」

と言った。

「あら遊んでなんかいないわよ」

「遊びと同じだよ」

姉も、

「そうよ、遊びと同じよ」

義兄は、

「僕の会社においでよ」

「ええっ」

と驚くと、

「勤めなさい」

と姉。

「えっ、勤めるの」

「徴用が来るぞ、軍需工場で働かされるぞ」

「徴用逃れの人がどんどん会社に入って来てるんだって」

姉もすすめる。

「じゃ、給料取りになりますか」

なぜだか、私は姉の言葉に逆らえない。

「いいね、じゃあ明日、課長に話しとくから遅れるんじゃないよ」

次の日、早速会社へ面接に行った。人事課長の平さんは白髪長身、まるで本物の鶴のような方だった。義兄がよく鶴の一声と言っていたのはこの人のことだったのか、とスマートな紳士を見た。平さんはちょっと顔を見せて、「じゃあ、記録課に配置です」と言い、あとは義兄が課内を連れて回った。記録課は営業部記録課といった。

課内を挨拶して回ると、

「えっ、また入ってくるんですか」

「ええ、妹です」

「ほう、妹さんですか」

「いや、家内のですよ。洋裁学校に行っていたんですが、あぶないから」

「そうですよ、ここに勤めとけば大丈夫ですよ」

営業部記録課には部長とその部下に男性社員が九人、女性社員が五人ほどいた。

会社は天神町松屋ビル五階。エレベーターは客用が表に二基、ビルの裏側に従業員専用が一基あった。最初のうちは朝夕は、それでギュウギュウ詰めで上下していたのだが、戦争がひどくなって裏にあるエレベーターがまず使用禁止となった。それでもしばらくは表の客用のエレベーターで昇降していたのだが、まもなくそれも使用禁止となり、五階まで皆エッチラオッチラ歩いて上がった。

映配九州支社の社員は百五十人ぐらいだった。博多駅前に倉庫という分室があり、そこには映画フィルムを収納していた。男性社員はズボンの上からグリーンのゲートルを巻いていたが、同じ課の石田さんはちょっと変わった白いゲートルを巻いていた。彼の妹さんは例の狸御殿で宮城千賀子の相手役をしたお姫様の高山広子さんだそうだ。

なんといっても映配の魅力は、市内全館映画がタダで見られることだった。どこへ行ってもタダ、通用するパス券があった。タダだと面白味が半減するわね、なんて横着言ったりしていた。招待券も、いつもたっぷりあった。

映画は五社だけではなく、個人の持ち主のフィルムも幾つかあった。白川映画社の「滝の白糸」、梶川映画社の持ち分などいろいろあった。

仕事分担で私は日本ニュースの係だった。番組流れといって系列ごとに書き込んだ九州全館と山口の館名の入った大きな用紙があった。

昭和十八年十月の学徒出陣のニュース、日本ニュース何番だったか番号は忘れてしまったけれど、これが引っ張りだこだった。といっても実際に仕事をやっていたのは福田さんで、彼が入院したときに多少私もやったけれど、仕事らしい仕事はほとんどなかった。突然フィルムの流れが変わるとき、次はどこへ送ってくださいと複写はがきを出すぐらいだった。

地方には読みにくい名前や、めずらしい地名がいくつかあった。剣村《つるぎむら》とか宮崎県児湯郡都農《こゆぐんつの》、ここは十九年七月に結婚した夫が陣地設営をしていたので地名を聞いたときすぐにわかった。

私が入社して一カ月ほどして九州洋裁女学院で一緒だった江頭さんが入社して来た。彼女の知人が部長の友人だったので入社できたと言っていた。

相変わらず、おかっぱ頭でしゃもじに目鼻だった。一週間はとてもおとなしかった。

「今度入って来た江頭さんて、おとなしい人ね」

人がそう言うくらいだった。とんでもないと言いたいが、そうね、今のところは……と笑った。

一週間は見事におとなしかった。二週間目のある日、黒のベルベットのワンピースに真珠のネックレスをして現れた。

「どうしたの、法事?」

「これ恋の喪服よ」

「なあに、恋の喪服って。恋人いないじゃない」

「いたわよ、その人にさよならして、昨日ここで見つけたの」

「また」

と笑い、

「で、何人目?」

「そうね十三人目かな」

「おおげさ」

「この真珠本物よ」

「本物?」

「そう。私、にせものはしないの」

「そうですか」

彼女にはこれといった仕事はなかった。営業部長の横に机を置いて、秘書のような仕事をしていた。

「いいわね、あなた仕事があって」

よくそう言って羨ましがっていた。

戦争がひどくなって、男の人には召集令状が来てどんどん応召していく。一番最初に征き、一番最初に戦死したのは水巻清志さんだった。私たちの課だった。几帳面な綺麗な字を書く人だった。彼の送別会をやったとき、病弱な家内のことが心配です、と男泣きしていた。皆も同情はするが、今度は誰が征くかわからないという不安から、むしろ憮然とした表情でいた。

女性社員は、社員の武運長久のためによく警固神社へ祈願に行った。

原田種夫さん

宣伝課にはスチール写真がたくさんあった。スチール写真に埋もれるようにして、そこに原田種夫さんがいた。痩せてひょうひょうとした人で、風が吹くと吹き飛ばされそうな感じだった。煙草が配給で手に入らなくなり、物書きの彼は煙草がないと考えがまとまらないとぼやいて、煙草屋の娘の私に配給のを少しわけてくれませんか、と口では言わず机の上にメモを置いて、お願いしますと頭を下げた。少しぐらいならどうにかなるだろうと家のを持ってきてあげたら、すみません、助かります、と喜んでいた。

そもそも原田種夫さんが九州文学の同人だと教えてくれたのは江頭さんだった。

「原田さん、九州文学の同人よ」

と、ある日彼女は言った。

「同人？」

何のことだか私にはわからなかった。

「同人よ同人、九州文学の同じ仲間よ」

そう繰り返した。

「ほんと？」

そこら辺にうといい私は、彼女の興奮が奇異に感じられた。

「前には貯金局にいたはずよ」

彼女は、貯金局にいて人のお金ばかり数えています、という一文を読んだと話した。

あの人、文章がうまいからここで宣伝の仕事するのね、と言ったけれど、実際どんな仕事をしているのかは知らなかった。宣伝課は、新聞の切り抜きをいろいろスクラップにしていた。

「ね、どっちが早く彼と言葉を交わすか、賭けをしない？　もちろん仕事抜きでよ」

「うん、いいけど」

私は彼女ほど興味はわかなかった。その日から二、三日たってから、帰りがけの彼女の様子がどこかニヤリとした感じだった。何だろう、何か変だなとは思ったが、そう気にはとめなかった。次の日、

「賭け、私の勝ちよ」

「えっ」

「私の勝ち。原田さんと昨日話をした」

「そう」

「昨日、本屋で逢ったのよ」

「逢った？　待ち合わせ？」

「まさか、二十日は九州文学の発売日なのよ。彼きっと現れると思って行ってみたの」

「うん」

「いた、いた、何だかうろうろしていた。おや、あなたも何か探しものですかって言うのよ」

「うん」

「ええ、今日二十日ですからと言うと、『二十日だと何か』と訝しげな顔をするのよ。だから九州文学の発売日ですからと言うと『そうですか、あなた買ってくれるんですか』ええ、多分ここにいらっしゃると思って。『え、僕が本を買いにですか、いやあ本は本屋では買いませんよ』ですって。本は印刷屋が家に持って来るんだって」

その日からまたしばらくたって、彼女が今度は単行本を一冊持って来た。

「これよ、原田さんが本屋で探してたの。原田さんの小説、『風塵』って本よ」

「本屋で探すの？　自分が出した本を」

「つまり自分が出した本が本屋に並んでるかどうか見に行ったのよ」

「そう」

「彼、西南高校から法政大学に行ったらしいわ。あなたも買いなさいよ、一緒にサインもらおう」

彼女に誘われて、会社の帰りに玉屋デパートの書籍部でだったか買った。

次の日、二人そろって、

「サインをお願いします」

と、原田さんのところへ行った。

彼は机に向かっていた顔を上げて驚いた様子で、

「えっ、売っていましたか、僕も探したけれど」

と言いながら嬉しそうに表紙を開き、

「こんなもの買わないでも、ひとこと言ってくれたら差し上げましたよ。差し上げるなら進呈とか贈呈とか書けるのですが」

と言いながら、本の扉に丁寧に原田種夫と署名した。

「こんなものでいいですか」

「はい」

「二人はお友達ですか」

「はい」

「同じ学校ですか」

「いいえ、福岡高女と西高です。洋裁女学院で一緒だったのです」

「ほう西高、西高なら友達がいますよ、Hですよ」

「えっ、H先生」

「知ってるの」

「うん」

「言ってもいいかな」

彼は多少ためらいながら、

「まあいいだろう卒業生だし、峰旬一郎ですよ」

「えっ」

「ペンネームですよ。絶対言うなと言われていたんだが……」

彼は言ってしまったことを後悔していた様子だった。

第一映画劇場

私は昭和十八年七月入社である。入社してすぐボーナスを頂いた。酒肴料と書いた紅白ののし袋は形ばかりの薄いものだった。義兄が、今度は少ないが冬のボーナスはちゃんと出るからと慰めてくれた。ボーナスなどもらうのも初めてだし、金額の多少などについての常識もないことだったので、ただびっくりすると同時に、嬉しかった。冬のボーナスは義兄に言われたとおり、きちんと普通どおりにもらった。

一月四日の仕事始めの日には、母が作ってくれていた一越ちりめんの着物を着て行って、可愛いと評判がよかった。

「親はちゃんと用意してくれてるのよ、ありがたいことよね」

徳田さんと小野寺さんは年配の人だったが、そう言って一緒に喜んでくれた。

仕事始めの帰り、万町《よろずまち》の写真屋さんで河野さんと小田さんと私とで記念写真を撮った。

戦時中は洋画の上映館が少なかった。ただ一軒、呉服町の角に第一映画劇場という映画館があった。ここはかなり遅くまで洋画をやっていて、フランス映画が多かった。

地下劇場で、チケットは上で買うのだが、中はすぐ階段になっていて、階段から真紅のジュウタンが敷き詰められていた。レストランにはコーヒーの香りが漂い、どこかの豊かな国にいるような雰囲気に満ち溢れていた。

映画館の隣はアイススケート場だったが入り口は別にあり、これはすぐに閉鎖されたが、映画館はずっとやっていた。いつも若い観客で満員だった。

ある時、映画館に投書があった模様だった。「戦争の匂いを感じさせないこの映画館が、不謹慎で退廃的すぎる」という意味の投書だったらしい。その返事を於保さんという支配人かオーナーだかがプログラムニュースに書いていた。

「私は退廃的ということは、すなわち芸術的香気だと思っています」と。

私もそうだと思った。どこもかしこも草色の国防色に染まり、真紅のものなど見ることもない頃、ここの赤いジュウタンだけがわずかに残った平和の色のようで暖かかった。

間奏曲にはよくマリア・マリがかかっていた。混雑してくると無粋に、

「上からのお達しです、男女の席区分はお守りください」

と、アナウンスする声が聞こえた。

会社では毎朝、朝礼があった。軽い体操などがあって、のんびりしたものだったが、ある日突然、「明日から銃剣術をやることになった」と、厚生課長の

原田さんが告げた。

「ええっ」

皆隣り合わせの人の顔を見た。

「どういうのですか」

「街の中を一回りして、長浜町の空き地で銃剣術の練習をやる」

「うへえ」

首をすくめたが、早速翌日から実行である。那珂川べりの駆け足で始まった。どたどたと隊列を組んで走って行く、毎日のことである。何事ならんと町の人が振り返る。上からの命令だ、そんなことを気にしちゃいられない。大の男や若い娘が百人ほども走って長浜町へ着いた。

長浜町では陸軍戸山学校の教官が待ちかまえていて、銃剣術を教える。号令に合わせて、いち、にい、と銃剣を振り上げたり突いたりして練習した。

「こんなことして何になるんだろ」

「ぶつぶつ言わないでやってくださいよ。結構授業料高いんですから」

原田さんは言い訳に懸命だった。

しかし、結果はかえって逆効果だったようである。人目につきすぎて、朝から騒々しく街を走り回る、そんなひまな会社は人員整理をして余った人員を軍需工場へ回してくださいと、上からのお達しがきた。

私が勤めたのは昭和十八年七月から十九年四月までである。九カ月だと立派に人員整理の対象である。映画配給社の半分ぐらいの人がこのときにやめていった。

江頭さんは大学へ願書を出しているから大学へ行くと言った。

義兄に召集令状

人員整理が実行される前、それがまだ噂話の頃、義兄に召集令状が来た。三月頃だったろうか、皆で博多駅へ見送りに行った。

頭を丸坊主にして国民服を着た義兄が、汽車の窓から身を乗り出して振っていた手が今も目に浮かぶ。

姉は結婚当時荒戸に住んでいた。庭に大きな棕櫚《しゅろ》の木のある家で、新婚生活にふさわしいスイートな感じのその家で二年間を送った。初夏には棕櫚の黄色い花が庭にこぼれて、二人は静かに暮らしていた。

義兄が出征した夜、父が、

「姉さんは今日が一番寂しいんだから、お前行って泊まって来てやれ」

と言った。

いやだった。行きたくなかった。

「いやよ、今夜は」

「行って来いって。今夜は一人で置いとったらいかんって」

「いやだって」

「行って来いって」

義兄はもうこのまま帰って来ない、そんな気がしきりにしていた。しかし、しょうがない。父にこうまで頼まれれば、しぶしぶ渋面を引きずって姉の家へ向かった。

姉のことだから、夫を熱愛していた姉のことだから、今夜の来訪者を夫の帰宅と錯覚するに違いない。靴音が違うでしょ、これは女の靴音なのよ。聞いて、女の靴音なのよ。姉に気づいてもらおうと、わざと優しい靴音で近づいた。

玄関をそっと開けると、姉が凍りついたような表情でこっちを見ていた。

「なんだ、あんたなの。何しに来たの」

「お父さんが行って来いって言うんだもん」

「克行さんが帰って来たのかって思うじゃない、余計なことよ」

「そう思うんじゃないかと思って、優しく歩いて来たのよ。男の足音とは違うでしょ」

「軍の都合で、宿舎の関係で一日出征がのびたのかって思うじゃない」

「ごめんね、帰ろうか」

「もういいわよ、お父さんが言ったんでしょ」

「うん」

「お父さんって勝手に変なところで気遣うのよ、今晩は一人であの人のこと考えて寝ようと思ってたのよ。夕べは寝てないのよ」

姉妹は顔を見合わせてうっとうしい顔をした。

義兄はハンサムで長身で会社でも評判がよかった。以前から姉は休日の前になると、明日の日曜あんたの家に行くから家にいてね、と会社で義兄に言わせるか、買い物のついでに実家に寄って自分でそう断っていた。

「お父さん、私たちが遊びに行くと、渋い顔するのよ」

「そう」

「克行さん、お父さん、僕たちが行くの喜ばないみたいだね、って言うのよ」

「そんなことないわよ」

「そりゃあんたは別よ、だからあんたがいたらほっとするのよ」

「お父さんは、新婚生活あんまり幸せだったわけじゃないでしょう。大姑や小姑にこづき回されて」

「うん、そりゃそう」

「幸せそうで光り輝いていて、お父さんには案外まぶしかったりして」

「私たちが？　まさか」

と笑った。


「日曜日は会社休みでうんざり」

体をもてあまして所在なさそうに言うと、

「あら克行さんもそう言うのよ、会社ってそんなに楽しいの？」

「楽しいわ、よく男の人が仕事は大変だと言うようだけど、あれ本当のことかしらって思うわ。私なんか、こんなことで給料もらっていいのかしらって思うわ」

「私勤めたことないからわかんないけど、人事課はずいぶん大変らしいわよ、人員整理があるから」

義兄の同僚にAさんという人がいた。支社長秘書と結婚した人だったが、まだ彼が独身の頃、私が入社した次の日、義兄と三人で食事に行った。

万町のサラリーマン相手の昼食屋は陳列棚に並べた一品ずつの料理を自分で持って来て食べる。さばの煮付け、じゃがいもの煮物などがあり、今でもそんな店はあるけれど、最初のことなのでびっくりした。

「あら、こんなの食べるの？」

「うん。これが手早くってうまいよ、なあ」

いつも食べてるようで二人とも相槌を打った。

「今日は僕がおごるけど、毎日だと困るって姉さん言ってたからね」

義兄が言った。

「わかってる、わかってる」

余計な気を遣わせるのも悪いと、私は大きくうなずいた。

「遠慮することないんだよ、おごってもらえ。給料多いんだから」

とAさんは言い、人事課員同士で笑った。

私の昼食はいつも弁当だった。お茶をいれるのが私の仕事である。お茶をいれて弁当をすませると、街へお茶を飲みに出かける。食後のおやつには乾燥バナナのお汁粉とか、アイスクリームは案外遅くまであった。ある時寒天を出すところがあると聞いて、土居町まで食べに行ったことがあった。次の日義兄に、

「昨日会社の帰り、土居町まで寒天食べに行ったのよ」

と言うと、

「あんまりがっつくなよ、寒天ぐらい自分でできるだろ」

「だって甘味がないじゃない」

ある時、義兄のところへ美しい訪問客があり、同僚が知らせて来た。

「お姉さんが来てるわよ」

「ほんとう？」

「よくわかんないけど綺麗な人、多分お姉さんだと思う」

「そう、見に行こう」
三、四人でどやどやと五階の階段口まで見に行った。
「お姉さん？」

「いいや、違うわ」

「お姉さんじゃないわよ、お姉さんがわざわざ会社まで来ることないわよ」

「そうねえ」

ひそひそのぞいていると義兄がその気配に、

「鉄鉋屋の娘さん、お姉さんも知ってるよ」

と言った。同僚が、

「お姉さんも知ってるって言うのがかえってあやしいわよ、言わないほうがいいわよ、家庭争議のもとよ」

そう言われればそうかと思い、私はずっと言わなかった。戦死の公報が入り、こんなこともあったのよ、と言うと、姉は早く言えばいいのに、冷やかしてやって面白かったのに、と言った。

黄疸

昭和十九年五月、映配を人員整理になった私たちは、雑餉隈《ざっしょのくま》あたりにあった九州飛行機製作所の分工場へ大量移動した。工場での仕事は飛行機の翼の一部分をボロ布で磨く作業だった。その作業に先立って、全員に中学三年生程度の筆記試験があった。大きな広い作業所で皆に試験用紙が配られた。私は時間を待つまでもなく試験用紙を埋めて提出した。提出はしたけれど、喉から手が出るほど欲しい人員に、何で今頃入社試験があるのだろう、と不思議な気がした。

それから二、三日工場へ行った。ところが急に顔色が黄色になってきた。手も黄色である。

「かぼちゃの食べすぎでも黄色くなるけど、今はかぼちゃの時季じゃないしね」と友達が言っていたが、どうにもこうにも身体がだるくて仕方がない。

医者に見せると黄疸だと言われた。食欲がない。まるで食事が喉を通らない。果物は食べたいのだけれど果物などはなく、水だけを飲んでいた。貴重な砂糖水だけを飲んでぐったりと寝ていた。

ちょうどそんな時、田舎で農園をやっている従弟がお見舞いにと、箱一杯のゆすら梅の実を持って来てくれた。そのおいしかったこと。白いゆすら梅の実など、見たことがなかった。一粒一粒なめるように食べた。今までにこんなおいしいものを食べたことはないと思った。その実を食べ終えた時、身体中の熱が引くように病気は退散した。黄疸は治った、ゆすら梅のおかげに違いない。よし、今なら医者の診断書もある。これを利用しない手はない。身体中に元気が充満していた。雨上がりの午後、私は診断書を手に工場の事務所を訪ねた。

事務所の人に面接し、診断書を差し出して、

「実は黄疸になりまして」

弱々しく言った。

事務所の人はがっかりした様子で、

「実はあなたを待っていたんですよ、いつかの試験は指導者を決めるためだったのですよ。あなたは満点でした。あなたのような人に指導者になって欲しかったのに、残念です」

「はい」

「病気が治ったら必ず来てくださいよ」

これで無罪放免である。この日の空のように身も心も快晴だった。明日から鉢巻締めて工場通いをすることもない。

物価統制令で家業の呉服屋も廃業になった。奢侈《しゃし》禁止令ですべての贅沢品は追放である。

それまでグリーンキップという衣料キップがあった。一人何百点だったか持ち点があり、衣類の種類によってこれは何点と決まっていて、その点数だけキップを切り取っていた。そのキップを夜鍋で台紙に貼り付けるのが私の仕事だった。

弟や妹は小さいし、兄は戦地、姉は結婚しているし、父と母は店の仕事に忙しい。父の手伝いをするのは会社から帰ってきた私の仕事だったが、呉服屋が廃業になり、その仕事もなくなった。父は俄かに農業に変わった。終戦後の農地解放や財産税で没収されるまで、三千坪ほど農地があった。小作人に耕作を頼んでいたのを少し返してもらって、自分で畑や田圃の仕事をした。家族総動員、父の友人の伊藤さん一家と一緒に田植えをした。夏の暑い盛りに母が汗水流し田の草取りをしていた。実った稲の稲刈りも脱穀もしたし、米の供出もした。

しかし、一年中農作業があるわけではない。家のすぐ近く、西へ二十メートルぐらい離れた場所に大串鉄工所という軍需工場があった。軍需工場だから景気がよかった。父はそこに勤めることにした。一方、家では閉じてしまった店舗の再利用に困って、家の中に防空壕を掘ることにした。壕の上に一部屋を増築した。

衣料品関係で廃業した人の救済に、繊維組合がこの部屋を借り受け、配給所を開くことになった。組合員救済のためだから組合員の家を借り、組合員を従業員として採用し、いくらかの給料を払うというわけだ。黄疸が治ってぶらぶらしていた私も、そこに勤めることになった。

西部衣料品配給所と看板を掲げた。係員は男の主任さん、あとは二人の未亡人と私だった。市役所から特別の衣料キップが発行され、それを持って配給を受けに来るのだ。妊産婦用のさらし、ベビー肌着、綿とか、出産に最低必要な品物がここで揃うことになっていた。それからタオル、出征兵士の日の丸の旗とかの配給もあった。

さらしといっても普通に思い浮かべる真っ白い布ではなく、まるでわらくずでも混じっていそうな薄茶色のごつごつした反物だった。岩田帯には向くだろうが、赤ん坊のおむつにはどうかと思った。

その頃で、給料として六十五円、部屋代として七十円いただいていた記憶がある。昭和十九年六月から二十年六月の福岡大空襲までの期間である。

実家が漢学者の家に育った祖母は、口やかましい人だった。祖母の親戚の娘さんで津田塾だかお茶の水女子大学だったかに行った人が、お祖母さんはお祖父さんの美男子ぶりに惚れて結婚したのよ、と話していた。なるほど、祖父の肖像画を見たけれどそれは男前の美男子だった。

中国の諺に、「嫁をもらわば息子は他人」というものがあるそうだが、祖母はまったくその通りの人だった。

祖母は若くして夫と死に別れ、後家を通しながら娘二人と息子三人を育て上げている。私の父は修猷館高校在学中に結核になり中退したが、あとの一人は山口高商に進み、末弟は京大に一年通い、後に東大を卒業した。しかし就職難の時で日田の旧家へ養子に行った。

親戚の娘のカズ子さんが結婚するとき、彼女の母親のヨシコさんにこのように言われた、と話していた。

「麹屋（我が家の屋号）のおばあちゃんのような姑はそうざらにいるもんじゃない。あなたの家にも姑がいるようだけど、麹屋のお母さんのようにちゃんとお仕えするんですよ、って言われたのよ。まあ、うちの姑は仏様のような人だったけどね」

母は小さな身体をさらに小さくして、姑に仕えることだけを天職と信じているふうだった。

母方の祖父は洋画家だった。横山大観と同じ学校を出ていた。座敷に何かの賞をもらったという、昭和初期の寄宿舎風景の六号ぐらいの油絵がかかっていた。小さな作品だったが好きだった。

裏庭には白壁の土蔵があり、いつも大きな錠前がかかっていた。叔母や祖母がいつもこの中にお祖父様の絵がたくさん入っているのよ、と言っていたが、昭和二十年六月の大空襲で家と一緒に焼失してしまった。

母方の祖母は優雅な人だった。家作のあがりで生活はできたのだが、趣味でお茶とお花とお仕舞を教えていた。

だから母の妹の叔母と私の妹のマサコとトワ子は、今でもお能の稽古をたやさない。私だけはどうにも恥ずかしくてできなかった。長男の叔父は早稲田大学を出て会社に勤めていた。次男の叔父は西南学院高等部を出たが、ガダルカナル島で戦死した。

私の父方は皆長命だった。昭和二十三年に五十歳前に結核で亡くなった叔父を除いて、八十歳ぐらいまで生きていた。

亡くなった叔父は若い時は銀行員だったが、私が物心ついてからしばらくは病人で、二階で病気療養していた。休みの日に食事を運ぶのが私の役目だった。

叔父はよくおかずの苦情を言った。

「おや、また魚と大根とほうれんそうのおひたしか。これじゃ治る病気も治らんぞ。たまにはビフテキか鯛の刺身ぐらいつけて来ちゃあらんね、うまかぞう」

「大根おいしそうじゃない、私こんなに大きく切った大根好きよ。ぽたぽた煮えてておいしそうよ」

「そりゃ、お前たちのような元気な者はいいよ、俺は病人だからな」

「うん」

「まあいいか、居候だからな」

と笑った。

食事は叔母のチヨノとお手伝いさんが作っていた。

ある時二人一緒に階段を下りていたら、後から下りてきた叔父が階段の途中でキヨミと呼んだ。階段はゆるい勾配だった。

「なあに」

と振り向くと、自分の足の裏をにゅうと出して、

「キヨミ、この足舐めたら百万円やると言ったら、お前舐めるか」

と言う。

「百万円？　舐めるよ。だけど叔父さん持たんじゃない」

軽蔑した顔をすると、

「ばかだなお前、こんなときには舐めんと言うもんだよ」

「だって欲しいもん」

「俺だって欲しいよ、もし持っとうならお前に少しぐらいやるよ」

と笑いながら言って、

「居候のくせに、何ばかなこと言いようかって、お前の親父に怒鳴られるぞ」

叔父は病気になるまで北海道の銀行にいた。世に言う「大学は出たけれど」という就職難の頃だった。名寄にある銀行で雪の夜など鈴を鳴らして走るそりの音がひびいて寂しいものだったと言う。音といえばすずの音だけ、寂しいもんよと、離婚して北海道へ同行していた叔母のチヨノがそう話していた。

叔父の病気が一時よくなったことがあった。叔父の友人の戸田さんと修猷館高校三年生の彼の息子さんと叔父と私とで玄界灘の小島に魚釣りに行ったことがあった。私が女学校二年生ぐらいの頃だったろうか、帰りにあわや沈没かと思う目に遭った。

乗っていたのは、手こぎ舟である。海が荒れてどんどん浸水してくる。四人でバケツやひしゃくで必死に汲み出した。波が容赦なくどぶんどぶんと入って

来る。船頭さんも必死で櫓をあやつる。船頭さんに、

「いつもこんなですか」

と聞く叔父の顔がこわばっている。

「こんなですよ、今の時間帯はしけますから」

船頭さんはそう言うが、いつもはこんなではない感じがした。とにかく必死だった。長いなあと思った。

岸に着いたとき叔父が、

「お前が泣き出すんじゃないかと思ったよ」

と言った。

「平気よ」

「お前の親父が危ないから連れて行ったらいかん、と言いよったのに、ここで死なせるかと思ったよ」

「ふふっ」

と笑ったが、父は連れて行ったらいかんと言ったのかと思った。

若い頃、離婚して帰って来て、叔父について北海道に行っていた叔母が再婚することになった。相手は我が家から十五メートルぐらい離れた家の、永年町会長をやっている人の弟である。その人は姉弟養子で姉のほうに子供ができなかったので弟を養子にしたが、その連れ合いが亡くなったので、後に叔母が嫁として入ったわけである。川端町で八人ほど従業員を使って町工場をやっていた。六人の子持ちであった。

叔母は一度妊娠したことがあった。しかし六人の子供がいる上にさらに自分の子供を産むことははばかられて、子供は産まなかった。

叔母はもともと身贔屓の強い人で、自分の子供が望めないのなら長男の嫁に実家の姪（私のこと）をもらいたいと言ってきた。叔母が再婚して三、四年目ぐらいのことである。

私が女学校を卒業し、洋裁学校へ行く頃には毎日のように家に来ていた。それまで母と叔母は仲が悪かった。姑と小姑は結託してずっと母に辛くあたっていた。ところが豹変である。

父はそんな叔母の様子を見て、

「うちにばっかり来とって、向こうは放ったらかしとっていいとね」

と言うと、

「いいとですよ、向こうは手がそろうとうですけん」

と叔母が言った。祖母も後を受けて、

「心配せんでもあっちはもう充分手がそろうとう。おっかさんが良いおっかさんやけん、古うからのお手伝いさんもよう飲み込んで仕事のようさばけるげな」

姑と名がつけば、良い悪いの関係なく煙たい存在らしい。なにしろ再婚して三、四年目である。姑の目の黒いうちは、後妻は婚家に馴染むとまではいかない。叔母にすれば軽口をたたいて過ごせる実家の空気が恋しいのだ。

父は私が嫁に行くことは早すぎると顔中に渋面を作り、それでも叔母は約束だけでもと諦めなかった。

「お前も気がすすまんとなら、はっきりお母さんに言わんと」

「言いようよ」

母はもう丸め込まれて褒めまくる。

「そんなにいいとなら、お母さん行けば」

「ばか言いなさい、何で私が行けるね。お前叔母さんのところ断るなんて。だいたい断れる相手じゃないだろ」

「何よお母さん、ころっと丸め込まれて。叔母さんとあんなに仲悪かったじゃない」

「そりゃ、そんなときもあったよ。だけどあれだけ勧められりゃ、なんといっても姑が一番大事。姑に気に入ってもらえればお母さん何の心配もせんでいい。馬には乗ってみよ、人には添うてみよ、昔からそう言うだろ」

夫が出征して実家に戻って来ている姉も、

「こんな時代だし、えり好みしとったって男はいないのよ。お嫁に行ってしまえば都合よくいくわよ、相手もいい人らしいし」

話はあっという間に決まった。

叔母は、

「きてやんしゃあね、ありがとう。これで私も肩の荷が下りたよ」

と喜んだ。

福岡大空襲

彼とは婚約ということになったが、婚約した後すぐ召集令状が来た。明日召集という日の前日の七月末の暑い日、空襲に遭う前の川端町の家で仮祝言をあげた。私は絽の婚礼衣装を着て、八つ年上の夫は在郷軍人のようにやたら勲章を付けて、並んで座った。その夜、夫は二階の自分の部屋でやすみ、私と母は一緒に座敷でやすんだ。

次の日、先方の両親と、古くからいる店の従業員と私とで出征する彼を久留米連隊まで送って行った。

帰り途あちらの父親が、せっかくここまで来たのだから鰻でも食べようと言うので、八丁牟田の鰻屋まで行ったが、もう人手がないので鰻はやめました、と言われた。主人《あるじ》が出征したそうである。

その後、夫は久留米から宮崎へ移り、米軍上陸にそなえて陣地設営にあたっていた。

昭和十九年九月二十二日入籍。

私は相変わらず自宅の衣料品配給所へ勤めていた。法律上は結婚しても名前だけの夫婦である。実生活は娘時代となんら変わらなかった。

福岡大空襲の少し前だった、店に来る客から西鉄急行電車が敵機の機銃掃射を受けたと聞いたのは。家には防空壕が二つあった。ひとつは戸外にあって横穴式だった。上に盛り土してそこにかぼちゃを植えていた。日当たりが良いのでこれはよく実がなった。もうひとつは家の中にあった。閉じた店舗のあとに作ったのだが、セメントで築いて階段まで付けたが、上に盛り土をしていないので直撃弾には効果がないような気がした。

空襲がない時には、にわか農家の父の収穫した芋の貯蔵所になっていた。

いよいよ六月十九日夜、福岡大空襲。いつもの通りすぐに解除になるに違いない、皆そのつもりでごちゃごちゃ座っていた。しかし一向に解除にならない。

「長いわね、見てこう」

何か違う、いつもの空襲とは何か空気が違う、不気味な静けさである。外に出た。いつもなら暗闇だけのはずが、暗闇の中にぱっと赤い火が見える。

「おやっ」

地行《じぎょう》の方に紅赤な火柱があがっている。真っ赤な火柱をバックに金竜寺の松が黒々とシルエットのようにそびえ立っている。

「わっ、燃えてるっ」

壕の中へ怒鳴った。

「どこが」

姉の声は異常に冷静だ。

「どこかわからない、地行の方よ」

慌てて怒鳴る私の声に姉も出て来た。

「どこだろ」

姉の声も震えている。

「空襲よ、こっちにも来るよ」

二人とも防空壕に逃げ込んだ。父は警防団で本部へ詰めていた。いざというときに働けるのは姉と私、じいっと闇の中で待った。

まもなくしゅるしゅるっと音がした。初めて聞く焼夷弾の落ちる音。家の真上で音が止まった。

「落ちたっ」

皆同時に叫んだ。ぱっと姉と私が飛び出した。二階よ、言うより早くバケツを抱えて二階へ駆け上がった。押し入れが燃えていた。ふすまも燃えている。

しかし、うまい具合に押し入れの中に落ちたものだ。屋根を突き破ってがっぽりと布団の中に埋まるように燃えている。姉と一緒にバケツで何杯か水を運んだ。靴のままだった。いつもは磨き上げている桧の廊下を、靴のまま歩くことの方が私を興奮させていた。

「靴のままよ」

そう言って笑うと、

「あたりまえよ、それどころじゃないわよ、燃えるかもしれないのに」

その間もしゅるしゅると焼夷弾の雨は降る。ひとまず二階が鎮火したので防空壕をのぞくと、祖母の姿がなかった。

「お祖母ちゃんは?」

「お父さんが来てどこかへ避難させた」

弟が言うのと殆んど同時に家の中が異常に明るくなった。向かいのアパートに火がついたのだ。父の持つアパートだった。住人は皆逃げ出していた。無人のアパートはめらめらとよく燃えた。木造の二階建てアパートは燃えるにまかせるしかなかった。

道ひとつ隔てたこちらに飛び火するのを防ぐのに懸命だった。顔や眉が焦げるように熱い。

もう辛抱しきれない、ガラス戸に水をかけた。パチッと音がしてガラス戸はひび割れてしまった。

「あっ、いかん。ガラス戸に水をかけちゃいかん」

誰かが怒鳴ったが、もう水をかけた後だった。

押し入れの布団は空襲が終わった後、庭へ引きずり出して水をかけたが、四、五日はくすぶり続けていた。

手漉き和紙の里

福岡の街は死の街と化した。電車も何日間か動かなかった。焼け焦げた電線が電車通りにボロ布のようにぶらさがっていた。

一望千里、どこまでも焼野ヶ原。ところどころに焼け残ったビルが立っていた。焼け跡には水道の水が高く低く吹き上げていた。女学校の下級生が直撃弾で亡くなったと聞いた。土居町の銀行の地下室でかなりの人が亡くなったとも聞いた。

福岡の街も空襲で衣料品の配給をするどころではない。七月いっぱいで配給所も店じまいすることになった。井上さんも竹本さんも高久保さんも、皆左右に別れて行った。

ちょうどその頃だった。八月九日から二、三日後、長崎の知人から手紙を受け取った。活水女学院二年のFさんからだった。原爆投下の知らせだった。当時は原爆とは言わなかった。落下傘つき特殊爆弾とか言っていた。その特殊爆弾が長崎の街に落ちたと書いてあった。彼女の学校からも三菱兵器製作所（名前はもうはっきり思い出せず、正確ではない）に女子挺身隊として行っていた。「私は盲腸の手術で入院していて助かったのですが、クラスメートが六人亡くなりました。これは大変なことです。長崎は死の街です」とあった。その手紙を読んだとき、長崎はどうなったのだろう、書き方が大げさなのではないだろうか、と思った。ラジオで長崎がひどい被害を受けたとは言っていたが、新聞はタブロイド版できちんと報じていなかったし、くわしいことはわからなかった。実際に爆撃にあった人からの手紙で真実を知ったわけだ。とはいえ、中学生らしい几帳面な手紙の文章からは実際の恐ろしさが生に伝わって来ないようなもどかしさもあり、長崎は一体どうなったのだろうと首をかしげたものだった。

父が勤めていた大串鉄工所が、朝倉郡へ疎開することになった。福岡大空襲が再度あることを怖れてだった。

工場の機械の疎開は工場側でやるので、従業員は自分の身の回りのものを持って行けばよかった。父と一緒に祖母と姉と私がついて行った。が、祖母は一間きりの生活ではとてもやってゆけず、二、三日で帰福した。父は工場で寝泊まりしていたような記憶がある。福岡には、学校のある弟と妹三人と母が残った。

疎開先は朝倉郡志波村、手漉き和紙の里だった。私達が借りた家は一方が崖になっていて、そこから見ると一面、田圃田圃だった。崖の下は沢だった。家の前を綺麗な小川が流れていた。私達は工場が借りてくれた紙漉工場の横の一軒の家を、同じく鉄工所に勤める平山直さんの一家と一緒に使った。

平山さんは、鉄工所へ勤める前は和菓子屋さんだった。疎開先へ和菓子を陳列するガラスケースを持ってきていて、そこに食器類を並べていた。そしてガラス戸棚を毎日ピカピカに磨いていて、習い性ですな、と笑っていた。男の子一人のいる気の良い夫婦者だった。

私達は炊事、洗濯を前の小川ですませた。飲み水は近所の井戸水をもらうことにしたけれど、小川での洗濯、炊事がことのほか目新しく楽しかった。

小川では紙漉材料のこうぞ踏みの作業を、甚吾さんという人がいつもやっていた。たばねて茹でたこうぞという樹の黒い皮を、長靴で踏んで柔らかくする作業だ。地元の人はこれをかご踏みと言っていた。紙にするには他に材料がいるのかも知れないが、私達が見ていたのはこのかご踏み作業だけだった。

紙漉工場ででき上がった和紙を板に貼り、天日で乾燥させていた。乾いたら積み重ねて出荷するのである。

志波村に行くには杷木行きのバスで行った。田舎だから米、麦、味噌、薪など村人が適当に調達してくれる。志波村は柿の産地だったし、山一つ越した隣村の黒川村は梨の産地だった。三人ほどのグループで、大きな登山用のリュックサックをかついで買い出しに行った。

これでまたお米の食いのばしができるなんて、交わす話は貧しいものだった。リュックサックいっぱい詰め込んで五貫目だった。よっこらしょと担ぎ上げ、帰りの山道で腰をおろしてかじる梨の味がたまらなかった。風が通り抜けるだけの山道は、出会う人もなくただ静かだった。

家の横の崖下に沢蟹という小さな蟹が無数にいた。これは料理に使えるというので、一、二度つかまえて茹でて食べた。真っ赤に染まっておいしいものだった。志波村は崖が多いので村中が沢蟹だらけだった。

朝倉に疎開して一カ月にもならないうちに終戦。八月十五日、正午のラジオを必ず聞いてくださいと言うので隣の部屋に集まって皆で聞いた。なんだか雑音ばっかかりで明瞭には聞こえなかった。田舎だから電波状態が悪いのだろうと話していたが、後に他の人に聞いても同じことだった。

戦争に負けたといっても、今日明日生活が急に変わることもあるまいと夕方の空をぼんやり見上げていると、Ｂ29が高く小さく夕陽の中を飛んでいた。キラリと光った。もう慌てて隠れることもないのだ、とは思ったものの何か不安だった。

しかし終戦、戦いはもう終わった。

姉と私は、しかしすぐにはここを引き払わなかった。住み心地がいいのと食糧事情がいいのでしばらくここに居座った。そのうち夫が復員して来たと、あちらの両親が迎えに来たので、十月でここの生活と別れることにした。夜の道を虫の声を聞きながら家に帰って行った。

叔母が再婚する時、小学校三年生だった夫の末弟の淳さんが、今も笑って話す。

「義姉さんをもらうのに、おふくろ必死だったもんね」

実母がことあるごとに言っていた「馬には乗ってみよ、人には添うてみよ」——添うてみて人の温かさがわかった。

金婚式まであとわずか、ゆっくり年を取ろう。今、そんなことを夫と話している。

著者プロフィール
猪城 キヨミ（いき きよみ）
1926年（大正15年）2月生まれ。
西福岡高等女学校卒業。
現在、福岡市在住。

手漉き和紙の里

2004年9月15日　初版第1刷発行

著　者　猪城 キヨミ
発行者　瓜谷 綱延
発行所　株式会社文芸社
〒160-0022 東京都新宿区新宿1－10－1
電話 03-5369-3060（編集）
03-5369-2299（販売）

印刷所　株式会社平河工業社

ISBN4-8355-7944-5 C0095